LE

POLYGRAPHILE

Décrit par son Inventeur

LA POLYGRAPHIE DU CAVALIER DES ÉCHECS

L'ALBUM GRAPHIQUE

MÉTHODES NOUVELLES

Et procédé nouveau pour l'application de toutes les Méthodes

A l'aide desquelles on décrit les innombrables Figures de la Polygraphie du Cavalier

LES LETTRES MOBILES

LES PROBLÈMES DU CAVALIER

Leur solution par la Polygraphie volante

par Edme Simonot

PARIS

EDME SIMONOT

34, Rue de l'Echiquier, 34

1872

LE POLYGRAPHILE

LE POLYGRAPHILE ET SON PUBLIC

Bienveillant lecteur,

Aimable lectrice,

Le **Polygraphile** a l'honneur de vous faire part de sa naissance et vous offre.....

— A propos de quoi me supposez-vous bienveillant? interrompt un monsieur grincheux.

— Qui vous a dit que j'étais aimable? ajoute une dame appartenant à la variété féminine correspondante.

— Eh bien! Monsieur, si vous n'êtes pas bienveillant; Eh bien! Madame, si vous n'êtes pas aimable, laissez là ces lignes et ce jeu: ce n'est pas à vous qu'ils s'adressent.

Le **Polygraphile** n'en aura pas moins un aimable et nombreux public.

J'en appelle à vous, gentilles jeunes personnes dont les petites mains promènent avec une si gracieuse agilité le *fil polygraphe* sur les chevilles de sa planchette;

A vous, jeunes gens, qui vous portez de nombreux défis à propos de la solution des problèmes sans nombre que fait naître cette donnée si simple en apparence : Décrire une figure en faisant passer un fil par un certain nombre de points suivant une marche déterminée;

A vous, joueurs d'échecs qui, si souvent, après le solennel prononcé du *mat*, demandez à un cavalier de couvrir toutes les cases de l'échiquier sans s'écarter de sa marche régulière;

A vous, mathématiciens de tous les pays, qui avez écrit des volumes sur la question de savoir à quel chiffre s'élève le nombre incroyable de figures que peut décrire cette marche du cavalier; question non pas insoluble, mais non encore résolue, dont *Euler* lui-même n'a pas dédaigné de s'occuper;

A vous, Monsieur; à vous, Madame, qu'un des mille incidents de chaque jour oblige à un quart d'heure d'attente et qui, pendant ce quart d'heure, trouvez si lentes les aiguilles de la pendule;

A vous tous, grands et petits, qui cherchez, au coin du feu ou sous le berceau de votre jardin, quelques moments de distraction et qui accueillerez un passe-temps dont vous-même réglerez à votre gré les difficultés.

Il sera, si bon vous semble, un simple jeu de patience abordable par les moins patients.

Il deviendra, si vous le préférez, un exercice d'intelligence dont il dépend complètement de vous de graduer les complications.

Dites, bienveillant lecteur,

Dites, aimable lectrice,

— Et cette fois la double appellation est applicable sans conteste, —

Dites si le **Polygraphile** n'a pas le droit d'être fier de son public.

S'il vous amuse ou vous intéresse, longue vie au **Polygraphile**!

LE POLYGRAPHILE JEU DE PATIENCE

De la main gauche vous prenez la planchette carrée sur laquelle soixante-quatre chevilles sont disposées en quinconces.

De la main droite vous tenez le fil au bout duquel est un anneau.

Fixez l'anneau à l'une des chevilles — la première venue — à votre choix — et, de ce point de départ, conduisez le fil de cheville en cheville, en suivant la marche prescrite et sans passer deux fois sur la même.

Si vous arrivez ainsi à faire passer le *fil polygraphe* par les soixante-quatre chevilles sans en omettre une seule, c'est le succès.

Si, au contraire, il vous en reste une ou plusieurs que vous ne puissiez atteindre sans vous écarter de la marche prescrite, c'est l'insuccès et, naturellement, cet insuccès est d'autant plus grand qu'il vous reste un plus grand nombre de points inoccupés.

Ainsi envisagé comme simple *Jeu de Patience*, le **Polygraphile**, si vous le comparez à ses aînés, trouve dans le **Solitaire** celui avec lequel il offre le plus d'analogie, à cette différence près pourtant qu'au jeu du **Solitaire**, quand vous avez résolu la difficulté, il ne vous reste pas trace de la petite opération que vous venez d'accomplir, tandis qu'au jeu du **Polygraphile**, après chaque réussite, vous obtenez un dessin volant que vous pouvez reproduire au crayon dans votre *album*.

LA MARCHE DU FIL POLYGRAPHE

La marche du *fil polygraphe* est celle du *Cavalier*, au jeu des *Échecs*.

— Mais, Monsieur, je ne sais pas jouer aux échecs.

— J'attendais cette objection, Madame, et si vous voulez bien consulter le tableau de la marche du *fil polygraphe*, vous y trouverez toutes les directions susceptibles d'être suivies pour passer d'un point quelconque à un autre point du **Polygraphile**.

Toute ligne que vous aurez prise dans le cours de l'exécution d'une figure doit se retrouver sur ce tableau.

S'il en est autrement, il y a infraction à la règle et vous devez recommencer à partir du point où vous avez constaté l'erreur.

Voulez-vous un moyen prompt et facile de vous familiariser avec la marche du *fil polygraphe* : copiez purement et simplement sur votre **Polygraphile** une des figures données comme spécimen au *verso* de chaque guide.

Après dix minutes de ce petit exercice, il ne vous restera plus aucun doute sur les différentes directions que peut suivre le fil à partir d'un point donné.

Vous aurez bien vite reconnu que, de l'une des chevilles placées aux quatre angles, *deux* directions seulement sont possibles, et l'habitude vous aura bientôt révélé que, sur l'ensemble des autres chevilles, huit vous permettent de prendre *trois* directions différentes, vingt vous laissent le choix entre *quatre* directions, seize entre *six* directions, et les seize autres enfin vous permettent de prendre à votre gré *huit* directions dfférentes.

Après un exercice de quelques instants, l'œil se porte instinctivement sur les points où la marche régulière permet de faire passer le fil ; mais veuillez bien ne pas oublier que, dans aucun cas, vous ne pouvez revenir sur une cheville déjà occupée.

A l'œuvre, Madame ; copiez deux ou trois fois, sur votre **Polygraphile**, l'une des figures données en spécimen, et, avant un quart d'heure, vous n'aurez plus la moindre hésitation sur la marche à suivre dans la composition d'une figure polygraphique.

LA PARTIE A DEUX OU PLUSIEURS

LA PARTIE SIMPLE.

Les joueurs mettent au panier l'enjeu convenu, puis chacun s'arme de sa planchette. On commence simultanément à un signal donné et l'on doit avoir terminé, dans un nombre de minutes convenu, l'exécution d'une figure fantaisiste quelconque.

Au terme indiqué, un nouveau signal est donné et chacun dépose immédiatement sa planchette.

Celui qui s'est écarté de la marche régulière double son enjeu.

Celui qui n'a pu faire passer le *fil polygraphe* par toutes les chevilles ajoute, à la masse, autant de jetons qu'il a laissé de chevilles inoccupées. Si, dans son fragment de dessin, il s'est écarté de la marche régulière, il double en outre sa mise à l'enjeu.

Le gagnant est celui qui, dans le temps convenu, a composé, sans s'écarter de la règle, une figure complète, c'est-à-dire passant par toutes les chevilles de la planchette.

Si plusieurs joueurs ont obtenu ce résultat, ils se partagent la masse.

Si personne n'y est arrivé, chacun paie selon les fautes qu'il a commises, puis tout le monde ajoute un jeton au panier et l'on recommence la partie.

Telle est la partie simple entre joueurs qui ne veulent faire du **Polygraphile** qu'un jeu de patience ; inutile d'ajouter qu'en y introduisant des conditions de symétrie, on donne à cette partie infiniment plus d'intérêt.

LA PARTIE SYMÉTRIQUE (*entre polygraphilistes débutants*).

Chacun a sous les yeux l'un des guides et l'un des exemples donnés dans la brochure pour l'application de ce guide.

On commence simultanément au signal donné.

Le gagnant est celui qui, le plus rapidement *et sans fautes*, a terminé l'exécution de la figure.

Les autres mettent au panier des jetons de pénitence en raison des fautes commises.

LA PARTIE SYMÉTRIQUE (*entre polygraphilistes passés maîtres*).

On convient de composer une figure nouvelle par application de l'un des quatre guides et à l'aide des lettres mobiles.

On commence simultanément au signal donné. Le gagnant est celui qui a composé le plus rapidement une figure symétrique sans s'écarter des règles.

LA PARTIE SYMÉTRIQUE (*entre polygraphilistes émérites*).

Un problème est donné. Le gagnant est celui qui, le premier, en trouve la solution.

L'incroyable diversité des problèmes possibles rend cette partie des plus attrayantes.

Elle peut se jouer par correspondance, et les figures symétriques qu'elle conduit à décrire ne seront pas le moindre ornement de l'*Album polygraphique*, dont nous parlerons plus loin, quand, cet été, vous composerez cet album à la campagne, en y ajoutant chaque jour, au retour de la promenade, quelque dessin nouveau né sous vos doigts par application de l'un des guides.

LE NOMBRE DES FIGURES POLYGRAPHIQUES

Je vous entends, Madame, m'adresser cette question :

— Combien de figures ou dessins différents le *fil polygraphe* peut-il décrire sur sa planchette?

Réponse :

— Vivez cent ans. Chaque jour, pendant cette existence de *cent* années, composez *cent* dessins polygraphiques différents, et, au bout du siècle, vous n'aurez pas encore exécuté *la dixième partie* des figures distinctes que peut vous donner le **Polygraphile**.

Capricieux pas essence, il a du moins le petit mérite de ne pas se répéter dans ses caprices.

LE POLYGRAPHILE DEVANT LA SCIENCE

L'assertion que je viens d'émettre vous laisse incrédule, n'est-il pas vrai, Madame?

Je vois d'ici l'index posé sur la fossette de votre menton, pendant qu'un rapide calcul vous conduit à ce raisonnement :

— 100 figures par jour donnent 36,500 figures par an. Pour cent années on arriverait à un total de plus de trois millions et demi. Comment croire qu'un bout de fil, se promenant à travers soixante-quatre chevilles sur une petite planchette, puisse produire trois millions et demi de dessins différents?

Et l'on vient me dire qu'il en peut décrire dix fois plus!

C'est par trop invraisemblable. Il y a là quelque méprise.

— Non, Madame. Il n'y a ni erreur ni méprise. L'allégation est mathématiquement exacte. Pour vous en convaincre, permettez que nous fassions ensemble une toute petite, très-modeste et très-courte excursion historique dans le domaine de la science.

Car, si le **Polygraphile** est un jeu complétement nouveau, les dessins qu'il vous donne sont, depuis des siècles, le point de départ de problèmes dont la solution a préocupé les géomètres, même les plus célèbres.

Dès les temps antiques, on savait dans l'Inde dessiner des figures suivant la marche du cavalier.

Sans remonter ni si haut, ni si loin, votre jeune cousin le lycéen veut-il, Madame, parcourir quelques-uns des volumes écrits sur ce sujet? Je vais lui donner la nomenclature la plus complète que je connaisse de ces publications. Je l'emprunte, pour la majeure partie, au très-curieux ouvrage de Haldeman, intitulé *Tours of a chess knight*, imprimé à Philadelphie, en 1864, par les éditeurs E. H. Butler et Cie.

Je me borne à indiquer l'année de chaque publication et le nom de son auteur, français, italien, anglais, etc... Car toutes les nations ont apporté leur tribut de recherches à ces problèmes dont le **Polygraphile** vous donne, sous la forme la plus récréative, d'innombrables solutions.

Voici cette nomenclature :

1500. **Anonimo francese.** — 1512. **Guérinus.** — 1530. **Anonimo parigiano.** — 1597. **Gianutio.** — ***. **Demoivre et Ozanam.** — 1759. **Bertrand.** — 1759. **Euler.** — 1766. **Anonimo bolognano.** — 1769. **Guyot.** — 1769. **Ponziani.** — 1770. **Stamma.** — 1771. **Vandermonde.** — 1773. **Colin.** — 1776. **Monneron.** — 1782. **Ballière de Laisemont.** — 1787. **Richard Twiss.** — 1792. **Jacques Lacombe.** — 1804. **Pruen.** — 1806. **Dollinger.** — 1817. **Kenny.** — 1821. **Robert Willis.** — 1823. **Von Warnsdorff.** — 1823. **Mollweide.** — 1825. **Pratt.** — 1826. 1829. **Silberschmidt.** — 1826. **Schinnern.** — 1827. **Mauvillon.** — 1827. **Giuseppe Ciccolini.** — 1827. **Netto.** — 1831. **Eduard Billig.** — 1836. **Teodoro Ciccolini.** — 1836. **Addison.** — 1839. **De Lavernède,** — 1840. **Georges Walker.** — 1840. 1841. **Milboret.** — 1842. **Kafer** — 1842. **Perenyi.** — 1843. **Bilguer.** — 1844. **Brede.** — 1845. **Tomlinson.** — 1846. **Alexandre.** — 1846. 1847. 1849. 1862. **Schatchzeitung** (*Von der lasa. — Franz. — Tencelides*). — 1848. 1850. **Sissa.** — 1849. **Von oppen.** — 1850. **Scheidius.** — 1852. **Basterot.** — 1856. **Slyvons.** — 1856. 1862. — **Lange.** — 1861. **De Polignac.** — 1862. **De Jaenisch.** — 1862. **De Chambure.** — 1864. **Merklein.** — 1864. **Haldeman.** — 1865. **Cretaine.**

Après un rapide coup d'œil sur quelques-uns de ces ouvrages, votre cousin le lycéen vous dira, Madame, que si leurs auteurs ont vainement cherché le nombre exact des figures que vous pouvez décrire sur le **Polygraphile,** plusieurs d'entre eux ont cependant fait faire un grand pas à la question.

L'un d'eux affirme qu'en mettant cinquante figures distinctes par page, il faudrait plus de *dix mille rames* de papier pour les écrire toutes.

D'autres démontrent que le nombre total de ces dessins différents ne peut être inférieur à *trente-cinq milliards*, vous avez bien lu : TRENTE-CINQ MILLIARDS !!!

C'est là une variété qu'on peut, à coup sûr, qualifier d'inépuisable.

Aux géomètres seuls elle offrait de l'intérêt tant qu'on est resté dans le domaine des dessins au tire-ligne ou au crayon, exécutés à l'aide de combinaisons mathématiques.

Le **Polygraphile**, en décrivant ces dessins par un moyen nouveau, aussi rapide qu'amusant, met cette récréation à la portée de tout le monde.

L'un des auteurs cités dans la nomenclature qui précède, me disait qu'en moyenne l'exécution de chaque dessin obtenu par lui dans des conditions de symétrie plus ou moins complète avait démandé deux ou trois heures ; avec la *Polygraphie volante* on arrive bien vite à obtenir ce résultat en quelques minutes.

Et voilà pourquoi le **Polygraphile** compte dans son public, à côté des dames et des jeunes filles, des chercheurs et des savants.

UNE QUESTION D'ÉTYMOLOGIE

— Pourquoi *Polygraphile?* me disait un helléniste; c'est *Polygraphophile* qu'il faut appeler votre jeu nouveau, pour rester dans le vrai de l'étymologie.

— Eh! je le sais bien; mais convenez que, sans parler de la longueur du mot, sa désinence *Phophile* n'est rien moins qu'harmonieuse. Passez-moi donc mon élision, d'autant mieux justifiée que le mot *Polygraphophile* ne rendrait même pas complétement l'idée, puisqu'on n'y trouve pas l'indication d'un *fil* exécutant les figures à la place de la plume ou du crayon.

— Alors dites *nemapolygraphophile*, ou mieux encore, *philopolygraphonème*.

— Brrr... je ne connais que l'adverbe *sorbonificolibicabilitudineusement*, imaginé par Rabelais, qui puisse rivaliser avec ces jolis mots-là. Je m'en tiendrai donc à mon **Polygraphile**, en dépit de la science étymologique.

L'ALBUM POLYGRAPHIQUE

Laissons là science et ses adeptes, et revenons à notre jeu.

J'ai dit qu'envisagé comme jeu de patience, le **Polygraphile** compte par milliards les figures à décrire sur sa planchette. Chacun trouvera, sans peine, les moyens d'arriver à composer ces figures sans tenir compte de leur régularité, en se bornant à observer la condition essentielle de passer par toutes les chevilles, sans s'écarter de la marche.

Mais les personnes qui, les premières, ont eu ce jeu entre les mains, ne se sont pas bornées à ce simple exercice de patience.

Toutes ont eu la pensée de se faire un *Album polygraphique*, sur lequel elles conservent, en les reproduisant au crayon, les figures obtenues par le **Polygraphile**, quand le dessin leur paraît original ou agréable à l'œil.

Peut-être aurez-vous la même idée.

S'il en est ainsi, vous me saurez gré de vous indiquer le moyen très-simple qu'elles emploient pour se donner un *Album mobile*, c'est-à-dire susceptible de recevoir en tout temps une figure nouvelle au rang et dans le voisinage des dessins appartenant à la même catégorie.

On se munit d'une certaine quantité de papier quadrillé blanc. Inutile de faire observer que l'emploi de ce papier évite beaucoup de peine, en permettant de marquer, en quelques secondes, les soixante-quatre points par lesquels doit passer le *fil polygraphe*.

Après avoir coupé un certain nombre de feuilles de papier de même dimension (avec marge d'une certaine largeur), on dispose deux petites tablettes en bois identiquement pareilles, larges d'environ un centimètre et percées chacune de deux trous.

Puis, d'avance, on fait au poinçon, à la marge gauche du papier à employer, deux trous placés exactement comme ceux des tablettes en bois.

Voilà toute la préparation.

Elle est bien simple, vous le voyez, et elle vous permet de placer toujours à un rang quelconque, entre les deux tablettes, le dessin que vous venez de reproduire au crayon.

Vous n'avez, pour cela, qu'à défaire le nœud du cordon ou lacet d'attache, retirer ce lacet, mettre en place le dessin nouveau, puis refaire le nœud après avoir passé de nouveau le lacet dans les deux trous des tablettes et des feuilles qu'elles maintiennent.

De cette façon, votre papier est libre et isolé pendant que vous dessinez, et votre album est à la fois toujours mobile et toujours solidement relié.

Un album d'environ 15 centimètres de hauteur sur 30 de longueur, permettant de donner au cadre du dessin de 12 à 13 centimètres carrés, offre des dimensions à la fois commodes et agréables à l'œil.

Je connais des dames et des jeunes filles qui ont obtenu des collections très-curieuses par le nombre et l'originalité des figures. Serai-je indiscret si j'ajoute que ce n'est pas sans une petite pointe d'amour-propre qu'elles laissent leur album sur la table ronde, à la disposition des amis de la maison.

Le vôtre, Madame, ne sera pas moins intéressant et la variété ne lui fera pas défaut; car c'est par *millions* encore que l'on compte les figures symétriques.

Laissez-moi vous donner un moyen de les obtenir rapidement et avec certitude.

LES QUATRE ORDRES DE SYMETRIE

La symétrie peut s'obtenir latéralement ou diagonalement, dans un seul sens ou dans les deux sens à la fois.

De là, quatre sortes de symétrie que je nommerai :

1. Symétrie latérale double ou quadrangulaire;
2. Symétrie latérale simple;
3. Symétrie diagonale double ou quadrangulaire;
4. Symétrie diagonale simple.

Les quatre guides qui accompagnent le **Polygraphile** conduisent à ces quatre ordres de symétrie.

Les guides nos 2 et 3 ont chacun deux modes d'emploi.

Le guide no 4 en a trois.

Ces guides sont l'application de trois méthodes : celle d'*Euler*, celle de *Vandermonde*, et une troisième méthode que l'auteur de ces lignes appellera la sienne, jusqu'à ce qu'il lui ait été démontré qu'un autre l'a connue avant lui.

Pour cette troisième méthode, comme pour les deux premières, les résultats seraient très-longs à obtenir par le tatonnement à la plume ou au crayon; mais ce qui, jusqu'à présent, exigeait un travail sérieux abordable seulement pour les mathématiciens et les chercheurs, devient un jeu aussi simple que varié, mis à la portée de tout le monde, par l'emploi du **Polygraphile** et de ses **Guides**. Les figures les plus régulières et les plus diverses se décrivent ainsi instantanément et à coup sûr, sans autre peine que l'assemblage de quelques lettres mobiles.

Le premier mode d'emploi du guide no **4** est l'application de la méthode d'Euler.

Les guides nos 1 et 3 donnent les figures symétriques obtenues par la méthode Vandermonde.

Les deux modes d'emploi du guide no **2**, le deuxième mode d'emploi du guide no 3 et les deuxième et troisième modes d'emploi du guide no **4**, sont l'application de ma méthode.

Avant de définir l'usage des quatre guides, plaçons ici un petit glossaire polygraphique et quelques axiomes et observations.

PETIT GLOSSAIRE POLYGRAPHIQUE

Diagramme. — Si vous donnez la préférence au langage usuel, dites simplement *dessin* ou *figure*; si vous avez une prédilection pour les termes techniques, employez l'expression générique *Diagramme* applicable à toute figure géométrique.

Trait. — C'est la partie droite du *fil polygraphe* comprise entre deux chevilles du **Polygraphile**. Inutile de dire aux joueurs d'échecs que chaque *trait* est un pas de la marche du cavalier.

Ligne fermée ou *chaîne rentrante.* — On appelle ainsi toute figure (ou tout fragment de figure) polygraphique, dont les *traits* consécutifs ramènent le *fil polygraphe* à son point de départ.

Par contre, on dira *ligne ouverte* ou *chaîne non rentrante* toutes les fois que le point d'arrivée, distinct du point de départ, ne peut être relié à celui-ci par un *trait* suivant la marche régulière.

AXIOMES — RÉFLEXIONS — REMARQUES

⁂ Une figure complète est toujours composée de soixante-quatre *traits*, si elle est décrite par une *ligne fermée*. Conséquence : elle n'en compte que soixante-trois si elle est formée d'une *ligne ouverte*, puisque alors il n'existe pas de *trait* entre le point de départ et le point d'arrivée.

⁂ On peut toujours convertir un *diagramme ligne fermée* en *diagramme ligne ouverte* et réciproquement.

⁂ La symétrie *absolue* selon les côtés du carré, c'est-à-dire de droite à gauche et de haut en bas, est impossible à obtenir en une seule chaîne ; les figures symétriques de ce genre (guides nos 1 et 2) ne s'obtiennent que par **deux** *lignes fermées*, qu'il faut inévitablement réunir par un raccord altérant forcément un peu la symétrie de l'ensemble de la figure.

⁂ La symétrie *absolue* selon les diagonales, ou d'angle en angle, est possible, mais seulement par le premier mode d'emploi du guide no 4 ; dans ce cas seulement, on peut obtenir un *diagramme* composé d'une *ligne fermée* unique et conséquemment sans raccord altérant la symétrie.

⁂ Dans l'exécution d'une figure, deux et jusqu'à trois *traits* consécutifs peuvent former le prolongement d'une même ligne droite. Au-delà de trois, c'est impossible.

⁂ Le Guide no 2, dans ses deux modes d'emploi, est celui qui offre le moyen de résoudre le plus grand nombre de problèmes bien choisis et d'exécuter la plus grande quantité de dessins d'une symétrie agréable à l'œil.

⁂ Le Guide no 1 le surpasse encore sous ce dernier rapport, puisqu'il donne à la fois la symétrie de droite à gauche et de haut en bas; mais les résultats qu'on peut obtenir sont en nombre plus restreint, quoique très-considérable encore.

*

Il n'est pas impossible qu'à l'aide des lettres mobiles, quelques-uns de nos lecteurs arrivent à composer un album renfermant *toutes* les figures susceptibles d'être décrites par l'emploi du Guide n° 1. Pour le Guide n° 2, la vie humaine n'y suffirait pas.

⁂ Le Guide n° 3 est, relativement aux diagonales, ce qu'est le Guide n° 1 relativement aux côtés du **Polygraphile.**

⁂ Les deux derniers modes d'emploi du Guide n° 4 sont, relativement aux diagonales, ce que les deux modes d'emploi du Guide n° 2 sont aux côtés du **Polygraphile.**

Le premier mode d'emploi du Guide n° 4 peut seul et, par exception, comme il est dit plus haut, offrir, sans raccord, une figure symétrique, et, dans ce cas unique, la symétrie est absolue (d'angle en angle). C'est l'application de la méthode d'Euler qui seule permet d'obtenir la symétrie diagonale absolue en une chaîne *rentrante unique*, mais ne permet *jamais* d'obtenir la symétrie latérale. Aussi, le premier mode d'emploi du Guide n° 4 n'a-t-il pas d'équivalent dans l'usage du Guide n° 2.

LES GUIDES

MODE D'EMPLOI DU GUIDE N° 1.

Clef : Du point extrême de l'une des diagonales du **Polygraphile** à l'autre point extrême de la même diagonale, conduire le *fil polygraphe* en seize *traits*, sans le faire passer deux fois par la même lettre.

Exemple : Sur votre **Polygraphile**, fixez l'anneau en D, en bas à gauche, et conduisez le fil par les lettres M N H O K P J E C L B G I A F. Vous arriverez ainsi en D, en haut à droite, autre extrémité de la même diagonale; revenez sur vos pas en suivant les mêmes lettres M N H, etc... dans le même ordre; vous serez ainsi ramené en D, à votre point de départ, et vous aurez obtenu une première *ligne fermée* composée de trente-deux *traits*.

Prenez un autre fil de couleur différente, — supposons le premier noir et celui-ci blanc, — placez l'anneau de votre fil blanc en D, en bas à droite, et suivez les lettres M N H, etc... dans l'ordre déjà indiqué. Comme avec le fil noir vous arriverez ainsi en seize *traits* en D, en haut à gauche, puis vous reviendrez de la même manière à votre point de départ, ce qui vous donnera une seconde *ligne fermée*, composée de trente-deux *traits*, identique à la première.

Examinez la figure que vous venez d'obtenir et voyez sur quel point, en altérant le moins possible la symétrie, vous réunirez par un raccord la ligne noire à la ligne blanche, de manière à n'en former qu'une seule.

Le raccord peut, à votre choix, vous donner une *ligne fermée* composée de soixante-quatre *traits* ou une *ligne ouverte* composée de soixante-trois *traits*.

Raccord pour obtenir une LIGNE FERMÉE.

Ce raccord s'obtient par la suppression d'un *trait* noir et d'un *trait* blanc et leur remplacement par DEUX autres *traits*.

Par exemple, la suppression, en bas à gauche, du trait noir O H et du trait blanc G I et leur remplacement par les deux traits O G et I H. Cette substitution vous permet de placer votre anneau en D et de revenir au point de départ en soixante-quatre *traits*, ce qui vous donne une figure complète composée d'une *ligne fermée* ou *chaîne rentrante*.

Raccord pour obtenir une LIGNE OUVERTE.

Ce raccord s'obtient par la suppression d'un *trait* noir et d'un *trait* blanc et leur remplacement par UN SEUL autre *trait*. Par exemple : suppression, en bas à gauche, du *trait* noir D M et du *trait* blanc J P, et leur remplacement par le *trait* unique J M.

Dans ce cas, pour l'exécution de la figure par une *ligne* unique après avoir pris note de l'ordre dans lequel il faut suivre les lettres, vous placerez l'anneau en P, afin de vous réserver le point D en angle, comme point d'arrivée, où le fil viendra se perdre. Du point de départ P, suivez la *chaîne* blanche par K O H, etc..., jusqu'en J, en bas à gauche, et là, faites le raccord J M, puis suivez la *chaîne* noire qui aboutira en D au soixante-troisième *trait* du *diagramme*. Cette figure est celle donnée en spécimen au verso du guide n° 1.

En vous offrant un certain nombre d'autres exemples, je vais maintenant me borner à indiquer :

1° Les lettres par lesquelles doivent passer successivement les seize *traits*, d'un angle à l'angle diagonalement opposé;

2° Le raccord des deux chaînes rentrantes de trente-deux traits en une seule chaîne rentrante ou non rentrante ;

3° Le point de départ et le point d'arrivée du *fil polygraphe* décrivant la figure complète.

Exemples de l'application du Guide n° 1.

NOTA. — Pour l'application du **Guide n° 1**, quand, dans la série, les lettres **A** et **B** sont voisines l'une de l'autre, ne pas perdre de vue l'observation relative au choix à faire entre les deux directions possibles (page 9, colonne 2). De même quand les lettres **E** et **H** se trouvent voisines dans la série.

N°	*Ordre à suivre de* **D** *cn* **D** pour former nne chaine rentrante de **32** traits.	Raccord des deux chaînes.	Départ de la chaine unique.	Arrivée.
1	D M A B G I H N C L E J P K O F D..	I M	G B A..	D
2	D M A B G I J P K O H N C E L F D..	I M	G B A..	D
3	D M A B G O K P J I H N C E L F D..	O F	G B A..	D
4	D M A B I G O K P J E H N C L F D..	K F	P J E..	D
5	D M A B N C L E H O G I J P K F D..	I M	G O H..	D
6	D M A E C N H I J P K O G B L F D..	O F	G B L..	D
7	D M A E C N H O G I J P K B L F D..	O F	G I J..	D
8	D M A E J P K B I G O H N C L F D..	H M	N C L.	D
9	D M A E J P K O G B I H N C L F D..	P B	J E A..	G
10	D M A E J P K O G I B N H C L F D..	O F	G I B..	D
11	D M A E L B N C H O G I J P K F D..	O F	G I J..	D
12	D M A E L C N B G O H I J P K F D..	O F	G B N..	D
13	D M A E L C N H I J P B G O K F D..	O F	G B P..	D
14	D M A E L C N H I J P K B G O F D..	J M	P K B..	D
15	D M A E L C N H O G I J P B K F D..	J M	P B K..	D
16	D M A H N C L E J I G B P K O F D..	K F	P B G..	D
17	D M A I B G O H N C L E J P K F D..	N B	C L E..	G
18	D M A I J P K E C N H O G B L F D..	O F	G B L..	D
19	D M A I J P K O G B L C N H E F D..	O F	G B L..	D
20	D M H A I G O K P J E C N B L F D..	K F	P J E..	D
21	D M H A K P B N C L E J I O F D..	E C	L C N..	L
22	D M H C N B A I G O K P J E L F D.	O F	G I A..	D
23	D M H C N B G O K P J I A E L F D..	O F	G B N..	D
24	D M H C N B L E A K P J I G O F D..	J M	P K A..	D
25	D M H I G O K P J E L C N B A F D..	O F	G I H..	D
26	D M H I J P K A E L C N B G O F D..	B K	N C L..	P
27	D M H I J P K O G B N C L E A F D..	O F	G B N..	D
28	D M H N B L C E J P K O G I A F D..	O F	G I A..	D
29	D M H N B L C E J P K A I G O F D..	I B	G O F..	N
30	D M H N C L B A E K P J I G O F D..	K F	P J I..	D
31	D M H N C L B P J E K O G I A F D..	O F	G I A..	D
32	D M H N C L E A B P J I G O K F D..	I M	G O K..	D
33	D M H N C L E K A I J P B G O F D..	I M	J P B..	D
34	D M H N C L E K O G B P J I A F D..	I M	J P B..	D
35	D M H N C L E K O G I J P B A F D..	J M	P B A..	D
36	D M H O G I J P K A B N C L E F D..	I M	G O H..	D
37	D M I A B G O H N C L E J P K F D..	N B	C L E..	G
38	D M I A H E J P K O G B N C L F D..	O F	G B N..	D
39	D M I A H O G B N C L E J P K F D..	O F	G B N..	D
40	D M I A K P J E H O G B N C L F D..	O F	G B N..	D
41	D M I G B A K P J E L C N H O F D..	N B	C L E..	G
42	D M I G B L C N H O K P J E A F D..	I H / O G	D..	D

N°	*Ordre à suivre de* **D** *en* **D** pour former une chaîne rentrante de 32 traits.	Raccord des deux chaînes.	Départ de la chaîne unique.	Arrivée.
43	D M I G B P J E L C N H O K A F D..	N B	C L E..	G
44	D M I G O H N B A K P J E C L F D..	J M	P K A..	D
45	D M I G O H N C L B A E J P K F D..	H M	N C L..	D
46	D M I G O H N C L B K P J E A F D.-	H M	N C L..	D
47	D M I G O H N C L E J P K B A F D..	C H	N H O..	O
48	D M I H A E J P K O G B N C L F D..	O F	G E N..	D
49	D M I H N C L B G O K P J E A F D..	P B	J E A.,	G
50	D M I J P B G O H N C L E A K F D..	O F	G B P..	D
51	D M I J P K O G B A E H N C L F D..	K F	P J I..	D
52	D M J P B L C N H E K O G I A F D..	O F	G I A..	D
53	D M J E A B P K O G I H N C L F D..	K F	P B A..	D
54	D M J E A H I G O K P B N C L F D..	K F	P B N..	D
55	D M J E K P B L C N H O G I A F D..	O F	G I A..	D
56	D M J I G O H N C L E A B P K F D..	I M	G O H..	D
57	D M J P B I G O H N C L E A K F D..	O F	G I B..	D
58	D M J P B L E C N H I G O K A F D..	B N C L	D..	D
59	D M J P B N C H O G I A K E L F D..	E F	L F D..	L
60	D M J P B N C L E H O G I A K F D..	E C	L C N..	L
61	D M J P B N H A I G O K E C L F D..	J E K P	D..	D
62	D M J P B N H C L E A I G O K F D..	O F	G I A..	D
63	D M J P K A I G O H E C N B L F D.,	G B	O H E..	L
64	D M J P K A I H O G B N C E L F D..	L F	L E C..	L
65	D M J P K B G I A E L C N H O F D..	P B	J M D..	G
66	D M J P K B I G O H N C L E A F D..	E F	L C N..	D
67	D M J P K B N C L E A H I G O F D..	C E	L C N..	L
68	D M J P K E A B I G O H N C L F D..	H C	N C L..	N
69	D M J P K E L C N B A H I G O F D..	B P	N C L..	J
70	D M J P K E L C N-H A B I G O F D..	E F	L C N..	D
71	D M J P K O G B A I H N C L E F D..	O F	G B A..	D
72	D M J P K O G B I A H N C L E F D..	O F	G B I...	D
73	D M J P K O G I A B L C N H E F D..	O F	G I A..	D
74	D M J P K O G I B N C H A E L F D..	O F	G I B.	D
75	D M J P K O G I B A E H N C L F D..	O F	G I B..	D
76	D M J P K O G I B N H C L E A F D..	O F	C I B..	D
77	D M J P K O G I H A E C N B L F D..	O F	G I H..	D
78	D M J P K O G I H E A B N C L F D..	O F	G I H..	D
79	D M J P K O G I H N B L C E A F D..	O F	G I H..	D
80	D M N B A K P J E L C H I G O F D..	J M	P K A..	D
81	D M N B G I J P K A E L C H O F D..	I M	G B N..	D
82	D M N B G O K P J I A H C E L F D..	O F	G B N,.	D
83	D M N B K P J E A I G O H C L F D..	O F	G I A..	D
84	D M N B K P J I G O H C L E A F D..	I M	G O H,.	D
85	D M N B L C E A H O G I J P K F D..	I M	G O H..	D
86	D M N B L C E J P K A H I G O F D..	J M	P K A..	D
87	D M N B L C H A I G O K P J E F D..	I M	P K O..	D
88	D M N B L C H E J P K A I G O F D..	B G	L C H,.	O

N°	Ordre à suivre de **D** en **D** pour former une chaîne rentrante de 32 traits.	Raccord des deux chaînes.	Départ de la chaîne unique.	Arrivée.
89	D M N B L C H I G O K P J E A F D..	O F	G I H..	D
90	D M N C H A I B G O K P J E L F D..	O F	G B I..	D
91	D M N C H A I J P B G O K E L F D..	O F	G B P..	D
92	D M N C H I A B G O K P J E L F D..	O F	G B A..	D
93	D M N C H I A E J P K O G B L F D..	O F	G B L..	D
94	D M N C H I G O K P J E L B A F D..	O F	G I H..	D
95	D M N C H I J P K O G B L E A F D..	O F	G B L..	D
96	D M N C H O G B I J P K A E L F D..	J M	P K A..	D
97	D M N C H O G I A B K P J E L F D..	O F	G I A..	D
98	D M N C H O G I J P K B A E L F D..	O F	G I J..	D
99	D M N C L B A E H O G I J P K F D..	I M	G O H..	D
100	D M N C L B A H I G O K P J E F D..	J M	P K O..	D
101	D M N C L B A I G O H E J P K F D..	O F	G I A..	D
102	D M N C L B A K P J E H I G O F D..	J M	P K A..	D
103	D M N C L B A K P J I G O H E F D..	J M	P K A..	D
104	D M N C L B G I H O K P J E A F D..	B P	G I H..	D
105	D M N C L B G O K P J E H I A F D..	O F	G B L..	D
106	D M N C L B G O K P J I A H E F D..	O F	G B L..	D
107	D M N C L B I G O K P J E H A F D..	J M	P K O..	D
108	D M N C L B I G O H A E J P K F D..	B G	L C N..	O
109	D M N C L B I G O H E J P K A F D..	J M	P K A..	D
110	D M N C L B K P J E H O G I A F D.	O F	G I A..	D
111	D M N C L B P K O G I J E H A F D..	K F	P B L..	D
112	D M N C L E H A I J P B G O K F D..	J M	P B G..	D
113	D M N C L E H A I J P K B G O F D..	J M	P K B..	D
114	D M N C L E H O K P J I G B A F D..	I M	G B A..	D
115	D M N C L E J I G B P K O H A F D..	K F	P B G..	D
116	D M N C L E J P K O G B I H A F D..	F O	G B I..	D
117	D M N C L E J P K O H I G B A F D..	P B	J E L..	G
118	D M N H C L B A E K P J I G O F D..	J M	P K E..	D
119	D M N H C L E J I G O K P B A F D..	K F	P B A..	D
120	D M N H C L E K P J I A B G O F D..	J M	P K E..	D
121	D M N H O G B A I J P K E C L F D..	J M	P K E..	D
122	D M N H O G I J P K E C L B A F D..	J M	P K E..	D
123	D M N H O K P J E C L B G I A F D..	J M	P K O..	D
124	D M N H O K P J I G B A E C L F D..	J M	P K O..	D
125	D M N B A E J P K O G I H C L F D..	O F	G I H..	D
126	D M N B A H I G O K P J E C L F D..	J M	P K O..	D

Après avoir appliqué un certain nombre de ces exemples, vous serez familiarisé avec l'usage du guide et vous saurez choisir, en toute circonstance, le raccord altérant le moins la symétrie de la figure que vous aurez composée. C'est presque toujours le raccord donnant une *ligne ouverte* ou chaîne non rentrante qui vous permettra d'obtenir ce résultat.

Une petite recommandation : sur ce guide, la marche régulière peut vous conduire, par deux directions différentes, de E en H. Si le *trait* E H que vous aurez choisi en composant une figure vous ramène au point de départ au seizième *trait*, c'est que vous n'aurez pas été heureux dans votre choix entre les deux points H ; changez ce choix et votre seizième *trait* atteindra l'autre extrémité de la diagonale.

Même observation pour le *trait* A B qui, lui aussi, peut prendre deux directions différentes.

Avis spécial au guide n° 1 : quand, pour composer des

diagrammes sur ce guide, vous ferez usage des *lettres mobiles*, veuillez bien vous rappeler que (pour ce guide seulement) deux séries de lettres s'appliquent à la même figure, en changeant seulement le sens dans lequel elle s'offre à l'œil.

Ainsi la série D M N C L B G O K P J E H I A F D..... donne le même diagramme que la série D M A K E H O G I J P B N C L F D... seulement, dans le premier cas, les losanges sont dans le sens vertical, et, dans le second cas, ils suivent la direction horizontale.

Pour chaque diagramme, il vous est donc loisible de choisir le sens dans lequel vous voulez le présenter et de noter la figure, si bon vous semble, par deux séries de lettres. Le même fait ne peut se reproduire pour les trois autres guides ; les figures n'y peuvent être décrites qu'en suivant un seul ordre de lettres.

PREMIER MODE D'EMPLOI DU GUIDE N° 2.

Clef : D'un angle du **Polygraphile**, diriger le fil par toutes les lettres, sans passer deux fois sur la même, et revenir au point de départ en trente-deux *traits*.

Exemple : Fixez l'anneau de votre fil noir en D, à gauche, et passez par les lettres M 7 5 8 T R S N C L B I G. 0 4 U 9 6 V 2 K P J E Y X H Z Q A F. ; le trente-deuxième *trait* vous ramène en D, au point de départ ; fixez l'anneau du fil blanc en D, à droite, faites le même trajet en suivant les mêmes lettres, dans le même ordre, et votre figure est décrite.

Pour le raccord, même méthode que pour le guide n° 1. Ainsi, par exemple, supprimez à gauche le *trait* noir D M et le *trait* blanc J P, et remplacez-les par J M. Pour cela, vous placerez l'anneau du fil unique en P.

Vous suivrez la *chaîne* blanche par K 2 V 6, etc.... jusqu'en J ; au point J viendra le raccord J M, puis la *chaîne* noire par M 7 5 8, etc.., et le soixante-troisième *trait* de votre figure complète et symétrique tombera en D, angle gauche. (Voir la figure au verso du guide n° 2.)

Si vous voulez que le raccord vous donne, pour la figure complète, une *ligne fermée* ou chaîne rentrante, vous pouvez, comme toujours, arriver à ce résultat, par exemple, en supprimant le *trait* noir X Y et le *trait* blanc 8 5, et en les remplaçant par les *traits* 8 X et Y 5 ; mais ce mode de raccord altérera complètement la symétrie de votre *diagramme*.

En présence de la quantité innombrable d'applications dont est susceptible l'emploi du guide n° 2 et de la facilité qu'auront mes lecteurs à composer des diagrammes sur ce guide, je leur offre ici dix exemples seulement de l'application du premier mode d'emploi, et je choisis ces exemples en les composant tous d'un même fragment dans leur partie supérieure.

C'est donner l'idée de *séries* qui peuvent prendre place dans l'album en reproduisant, dans les dessins de la série, et à la même place dans tous, tel fragment qui vous aura plu.

La plupart de ces séries offrent des résultats assez nombreux pour qu'une seule d'entre elles suffise à former un volumineux recueil.

Grâce à l'*Album mobile*, il sera facile de réunir distinctement les collections de chaque série, et l'on peut se former ainsi toute une bibliothèque polygraphique, divisée d'abord en quatre grandes catégories, une pour chaque guide, puis subdivisée, dans chaque catégorie, en séries dont le nombre serait bien difficile à limiter.

Exemples de l'application du premier mode d'emploi du Guide n° 2.

1

D M 7 5 8 X T R S 9 U 4 0 G B L E J P K Z 6 Q V 2 Y N C H I A F D.

Raccord J M. (Départ P K... Arrivée D.)

2

D M 7 5 8 X T R S 9 U 4 0 G I H E J P K Z 6 Q V 2 Y N C L B A F D.

Raccord J M. (Départ P K... Arrivée D.)

3

D M Y N C L E J P K 2 V Q 6 Z B G 0 4 U 9 S R T X 8 5 7 H I A F D.

Raccord 0 F. (Départ G B... Arrivée D.)

4

D M 7 5 8 X T R S 9 U 4 A B P J 1 G 0 H E K Z 6 Q V 2 Y N C L F D.

Raccord J M. (Départ P B... Arrivée D.)

5

D M 7 5 8 X T R S 9 U 4 A B P J 1 G 0 H C N Y 2 V Q 6 Z K E L F D.

Raccord J M. (Départ P B... Arrivée D.)

6

D M A B G 0 4 U 9 S R T X 8 5 7 H I J P K E Z 6 Q V 2 Y N C L F D.

Raccord 0 F. (Départ G B... Arrivée D.)

7

D M A Y E Z 6 Q V 2 K P J 1 H 7 5 8 X T R S 9 U 4 0 G B N C L F D.

Raccord 0 F. (Départ G B... Arrivée D.)

8

D M J P K Z 6 Q V 2 Y A 4 U 9 S R T X 8 5 7 H O G I B N C L E F D.

Raccord 0 F. (Départ G I... Arrivée D.)

9

D M 7 5 8 X T R S 9 U 4 0 G B A I H C N Y 2 V Q 6 Z K P J E L F D.

Raccord E F. (Départ L F... Arrivée L.)

10

D M 7 H C N B A I G 0 4 U 9 S R T X 8 5 Y 2 V Q 6 Z K P J E L F D.

Raccord E F. (Départ L F... Arrivée L.)

SECOND MODE D'EMPLOI DU GUIDE N° 2.

Clef : Remplacer les deux *lignes fermées* de trente-deux *traits* chacune par deux autres *lignes fermées* comprenant, l'une PLUS, l'autre MOINS de trente-deux *traits*, avec la condition que le nombre *total* des *traits* de ces deux lignes soit toujours soixante-quatre.

Exemple : Fixez l'anneau de votre fil noir en D, à gauche, puis conduisez le fil en D, à droite, en passant par un nombre quelconque de lettres, sans prendre deux fois la même, soit : D M 7 5 8 Q U 9 6 V 2 K P J I H X Y N S R T Z E C L F D, puis revenez au point de départ, en suivant les les lettres correspondantes dans le même ordre. Vous aurez ainsi obtenu une première *ligne fermée* de cinquante-quatre traits.

Votre seconde *ligne fermée* devra donc comprendre dix *traits* pour compléter les soixante-quatre. Placez l'anneau du fil blanc sur l'un des points restés libres; soit, par exemple, en G, à gauche, puis, conduisez le fil en G, à droite par O 4 A B, et revenez au point de départ, et il ne vous reste plus qu'à trouver le raccord des deux lignes, comme dans le premier mode d'emploi.

Ici vous pouvez prendre pour raccord la suppression du *trait* noir M D et du *trait* blanc O G et leur remplacement par le *trait* O F.

Pour cela, fixez l'anneau en G, suivez la chaîne blanche jusqu'en O, passez à la chaîne noire par O F et suivez la chaîne noire qui complète votre *diagramme* en venant aboutir en D.

Comme pour le premier mode d'emploi, je pourrais ici donner des exemples par centaines et par milliers; mais, j'en suis sûr, mes lecteurs sont maintenant aussi familiarisés que moi-même avec l'usage du **Polygraphile** et de ses guides. Je me borne donc à deux exemples appartenant à la même série que ceux donnés au premier mode d'emploi de ce même guide n° 2.

1.

Une chaîne de 58 traits : D M A B N Y 2 V Q 6 Z H 7 5 8 X T R S 9 U 4 O G I J P K F D M A.....
Une chaîne de 6 traits : L C E L C E L....

Raccord E F. (Départ L C E... Arrivée D.)

2.

Une chaîne de 34 traits : D M 7 5 8 X T R S 9 U 4 O G B A F D M 7.....
Une chaîne de 30 traits : I K Z 6 Q V 2 Y N C L E H I J P K Z.....

Raccord J M. (Départ P K Z.... Arrivée D.)

Terminons cette explication du second mode d'emploi du guide n° 2 en faisant observer qu'il peut être utilisé de treize manières différentes: par une chaîne de 34 et une de 30, —Une de 36 et une de 28,—38 et 26,—40 et 24,—42 et 22,—44 et 20, — 46 et 18, — 48 et 16, — 50 et 14,— 52 et 12, — 54 et 10, — 56 et 8, et enfin une chaîne de 58 et une chaîne de 6 traits.

Chacune de ces combinaisons peut donner naissance à un nombre incalculable de figures. L'usage seul du second mode d'emploi du guide n° 2 suffirait pour donner une idée de l'inépuisable variété des figures polygraphiques qu'on peut obtenir, même en s'imposant les conditions de symétrie qui les rend agréables à l'œil.

PREMIER MODE D'EMPLOI DU GUIDE N° 3

Clef : Comme pour le guide n° 1, conduisez le *fil polygraphe* en seize *traits* d'un point extrême de l'une des diagonales à l'autre point extrême de la même diagonale, sans passer deux fois sur la même lettre.

Exemple : Fixez l'anneau du fil noir en D, en bas, à gauche, et conduisez ce fil en seize traits en D, en haut à droite, soit : D M L C N E A H O I G B P J K F D. Revenez ensuite au point de départ en passant par les mêmes lettres dans le même ordre, vous aurez ainsi une première *ligne fermée* comprenand trente-deux traits.

Faites la *même opération* avec un fil blanc en plaçant l'anneau en D en bas à droite, et en dirigeant le fil vers D, en haut à gauche, par les mêmes lettres que pour le fil noir. Vous obtenez ainsi une seconde *ligne fermée*, composée de trente-deux *traits*, symétrique à la première, et vous n'avez plus qu'à réunir les deux lignes en une seule par un raccord.

Dans cet exemple, le raccord altérant le moins la symétrie est celui-ci : Suppression du *trait* blanc I G et du *trait* noir M D, en bas à gauche, et leur remplacement par le trait noir I M.

A cet effet, placez au départ l'anneau en G, suivez la ligne blanche par G B P, etc..., et vous complétez votre diagramme au point d'arrivée D où le fil se perd dans l'angle. (Voir la figure au verso du GUIDE n° 3.)

J'ai limité à une trentaine ce nombre des exemples de l'application de ce guide, et j'ai supprimé l'indication des *raccords*; mes lecteurs, s'il ont essayé quelques-uns des exercices précédents, savent maintenant les trouver aussi bien que moi. Je les engage, du reste, à ne pas tenir compte de ces raccords en reproduisant les diagrammes sur leur album, ou du moins à les indiquer seulement par le pointage des deux *traits* supprimés; les journaux illustrés suivent ce mode pour donner la solution des problèmes. Le raccord n'est utile que pour donner à la figure sur le **Polygraphile** un seul point de départ et un seul point d'arrivée. Il est très-essentiel de s'habituer à le trouver vite dans les conditions les moins susceptibles d'altérer la symétrie, mais il est au moins superflu d'en tenir compte dans les dessins de l'album autrement que par le pointage des deux *traits* à supprimer.

Ce petit avis s'applique bien entendu aux dessins qu'on obtiendra par tous les guides, sauf le premier mode d'emploi du guide n° 4 qui n'exige aucun raccord.

Mais c'est du guide n° 3 qu'il s'agit ici, et voici 32 exemples de son application ajoutés à celui que je viens de vous offrir.

Ces exemples, comme je viens de le dire, donnent simplement l'indication des 16 traits à suivre pour passer diagonalement de D en D.

Exemples de l'application du premier mode d'emploi du Guide n° 3.

NOTA. — Même observation que pour le **Guide n° 1**, au sujet du choix entre les deux directions possibles, quand les lettres **A** et **B** se trouvent voisines l'une de l'autre.

1
D F A B K P J E N C L H O G I M D...

2
D F A E J P K B N C L H O G I M D...

3
D F A H O G I B K P J E N C L M D...

4
D F A K B P J E N C L H O G I M D...

5
D F H A I O G B K P J E N C L M D...

6
D F H L C N E K A I O G B P J M D...

7
D F H L C N E K J P B G O I A M D...

8
D F H O G I B A K P J E N C L M D...

9
D F H O G I B P J K A E N C L M D...

10
D F K J P B A I G O H L C N E M D...

11
D F K J P B G O H L C N E A I M D...

12
D F K P B A I G O H L C N E J M D...

13
D F K P J E N B A I G O H C L M D...

14
D F K P J E N C L B A H O G I M D...

15
D F K P J E N C L B I G O H A M D...

16
D F K P J E N C L H O G I B A M D...

17
D F N C L B K P J E A H O G I M D...

18
D F N C L H A E J K P B G O I M D...

19
D F N C L H I O G B P J K E A M D...

20
D F N C L H O G I B P J K E A M D...

21
D F N C L H O I G B P K J E A M D...

22
D F N E C H O G I A K J P B L M D...

23
D F O G B I A K P J E N C H L M D...

24
D F O G I A K P B L H C N E J M D...

25
D F O G I B K P J E N C L H A M D...

26
D F O G I B N C L H A E K P J M D...

27
D F O G I H A B K P J E N C L M D...

28
D F O G I H L C N B A E K P J M D...

29
D F O G I H L C N E A B K P J M D...

30
D F O H L C N B G I A E K P J M D...

31
D F O I G B P K A H L C N E J M D...

32
D F O I G B P K J E N C L H A M D...

SECOND MODE D'EMPLOI DU GUIDE N° 3.

Comme dans le second mode d'emploi du guide numéro 2, on remplace ici les deux chaînes rentrantes de 32 *traits* par deux chaînes rentrantes inégales en nombre de *traits*.

Deux ou trois exemples suffiront pour familiariser les lecteurs avec ce mode d'emploi qui donne des diagrammes très-curieux, comme tous ceux du reste obtenus à l'aide du guide numéro 3. L'expression *symétrie tournante* eût peut-être été la plus juste pour indiquer les conditions symétrique de ces figures. Dans le spécimen donné au dos du guide numéro 3, les quatre ailes ne semblent-elles pas tourner sur un axe dont l'étoile centrale serait le pivot. Mais revenons aux exemples de l'application du second mode d'emploi.

Vous savez que vous composerez votre diagramme de deux *chaînes* inégales en nombre de *traits*.

Supposons l'une de ces chaînes de 52 *traits*, l'autre de 12 traits.

Vous fixez votre anneau en D, en bas à gauche, et vous passez en D, en haut à gauche, par 13 traits (le quart de 52) D F A H L C N B P K E J M D, passez ensuite en D, en haut à droite, toujours en treize *traits*, par les mêmes lettres; puis en D, en bas à droite; puis enfin au point de départ, et votre chaîne rentrante de 52 *traits* est complète.

Pour obtenir celle de 12 *traits*, passez de G en G par O et I, soit G O I G quatre fois répétés, et la figure est décrite.

Voulez-vous un raccord : prenez G B avec départ par P K E... et arrivée en D.

Prenons pour deuxième exemple une figure dont les deux chaînes aient, l'une 36 traits, l'autre 28 :

La première chaîne se décrira par D F O H L C N E M D....

La seconde se décrira par G I A K J P B G....

Pour troisième exemple, choisissons une chaîne 44 traits et une de 20 :

La première chaîne se décrira par D F O G I A K P J E M D....

La seconde par N B L H C N....

Et la figure obtenue est une variante de la précédente et offre au centre le même dessin.

Rien ne serait plus facile que de multiplier ici ces exemples, comme nous l'avons fait ailleurs ; mais nous voulons laisser à nos lecteurs le plaisir de composer eux-mêmes, à l'aide des lettres mobiles, des chaînes comprenant plus ou moins de *traits*.

PREMIER MODE D'EMPLOI DU GUIDE N° 4.

Clef : D'un point extrême de l'une des diagonales, conduire le fil à l'autre point extrême de la même diagonale, en trente-deux *traits*, sans passer deux fois par la même lettre.

Exemple : Fixez l'anneau en D en bas à gauche et conduisez le fil par F A E J V 6 Q N 5 7 X H L C 8 B Z I G 9 4 U O S R M 2 P K Y T D.

Vous arrivez ainsi en D, en haut à droite, et vous revenez sur vos pas en suivant les mêmes lettres dans le même ordre.

Dans ce cas, pas de raccord à faire. La figure obtenue est composée d'une seule *ligne fermée* et la symétrie est *absolue* (d'angle en angle).

La figure actuelle est celle donnée en spécimen au verso du guide numéro 4. Vous remarquerez que vous pouvez la modifier en changeant les directions B Z et X H. Il en est souvent ainsi dans les figures obtenues à l'aide du guide n° 4, dans lequel les lignes X H, Y E, Q A et B Z peuvent prendre chacune deux directions, ce qui permet d'obtenir plusieurs figures avec une même indication de lettres sans en changer l'ordre. Ainsi, dans l'exemple actuel, le même ordre de lettres vous donne des figures différentes par le premier mode d'emploi, et peut, en outre; vous donner d'autres figures par le deuxième mode d'emploi. L'habitude vous familiarisera promptement avec cette nouvelle source de variété des figures symétriques.

En présence de l'innombrable quantité d'applications dont est susceptible le premier mode d'emploi du guide numéro 4, nous donnons cinquante exemples seulement ; mais nous recommandons particulièrement cette série dans l'*album*, parce que, nous l'avons déjà dit, elle permet seule d'obtenir la symétrie absolue par une chaîne rentrante unique.

Exemples de l'application du premier mode d'emploi du Guide N° 4.

1

D F A 4 9 G B L H X C 8 Y K P 2 M R S Z I O U Q 7 5 N E 6 V J T D..

2

D F N 5 7 X H Z Y E A 4 9 G B 8 C L M R S K J V 6 2 P Q U O I T D..

3

D F 9 G I O U 4 H Z Y 5 N E A X C L M R S 8 B K J V 6 2 P Q 7 T D .

4

D F 9 G B 8 C L H 4 A K P 2 Y E M R S O U Q N 5 7 X I Z 6 V J T D..

5

D F 6 Z H O U 4 9 G I X A K S R M L C 8 B V J E Y 2 P Q N 5 7 T D..

6

D F 6 V J E A K P 2 M R S X 7 5 N Q U O I Z B G 9 4 H L C 8 Y T D..

7

D F N 5 7 Q P 2 M R S O U 4 9 X A K J V 6 E C L H Z Y 8 B G I T D..

8

D F N 5 7 X 9 G I Z B 4 U O H L C 8 S R M 2 P Q 6 V J E A K Y T D..

9

D F N 5 7 X A 4 9 G B K P 2 Y E M R S 8 C L H Z I O U Q 6 V J T D..

10

D F 9 G I Z Y 8 C L B V 6 2 M R S O U 4 H X A E N 5 7 Q P K J T D..

11

D F N E Y 5 7 Q P 2 6 Z H O U 4 M R S 8 C L B V J X A X 9 G I T D..

12

D F N Q P 2 6 Z I G 9 X C L M R S 8 B V J E Y K A 4 U O H 5 7 T D..

13

D F N E A X C 8 S R M L B G 9 4 U O I Q 7 5 H Z Y K P 2 6 V J T D..

14

D F 9 G I O U Q A X S R M 4 B V J K P 2 6 Z H L C 8 Y E N 5 7 T D..

15

D F 9 4 A X 7 5 N E Y 8 C L H Z I G B V 6 2 M R S O U Q P K J T D..

16

D F N E Y 5 7 Q I G 9 X A K P 2 M R S 8 C L B 4 U O H Z 6 V J T D..

17

D F 9 G I O U Q 7 5 N E Y 8 B V J K P 2 6 Z M R S X C L H 4 A T D..

18

D F H 5 N Q A E J V 6 Z Y 2 P K B L C 8 S R M 4 U O I G 9 X 7 T D..

19

D F 9 X A E N Q 7 5 Y Z H 4 U O I G B 8 C L M R S K P 2 6 V J T D..

20

D F 9 G I X H O U 4 B 8 C L M R S Z Y K P 2 6 V J E N 5 7 Q A T D..

21
DFN57Q62PKJVBLC8SRMEAX1G94UOHZYTD..

22
DF9G1OU4BZSRMLC8Y5HX7QNEJV62PKATD..

23
DFN57XHZY2PQUOSRMLC8BKJV6EA49GITD..

24
DF94UOHLMRS8CEN57XAQPKJV62YZBGITD..

25
DFN57Q6VJKP2MRS8CX9GIOU4HLBZYEATD..

26
DFAEY8CLH4BZ6VJKP2MRSOUQN57X9GITD..

27
DF9GIOU4BLHXC8SRM2PQAKYZ6VJEN57TD..

28
DFNEAX9G1Q62PKJVB8CLMRSOU4HZY57TD..

29
DF94UO1GB8CLMRSKJV6ENQP2YZH57XATD..

0
DFNEMRS8CLBG1X94UOHZY57QP26VJKATD..

31
DFAKSRMZBLC8YEJV62PQN57XHOU49GITD..

32
DFN57QP26VJKAECLH4UOIX9GB8SRMZYTD..

33
DFA49GBZ6VJEN5HLC8YKSRM2PQUOIX7TD..

34
DFHLC8YEN57XIZ62PKJVBG94MRSOUQATD..

35
DF9G1Z6EN57QP2MRSOU4AKY8CXHLBVJTD..

36
DFNQ75HOU4AKP2YEMRS8BLCX9GIZ6VJTD..

37
DF9GB4AKP2Y8CXHLMRSOUQ1Z6VJEN57TD..

38
DF9GIZY2PKB8CXHLMRSOU4AEJV6QN57TD..

39
DF9GIXHZBLC8YKP2MRSOU4AQ75NE6VJTD..

40
DFA49GBKP2Y8CXHLMRSZIOUQ6VJEN57TD..

41
DFHX9G1QAKP2Y8CLMRSOU4BZ6VJEN57TD..

42
DFN57QU49XCLBGIOHZMRS8Y2PKAE6VJTD..

43
DF6VJKP2Y8SRMZHOU4BLCEN57QIG9XATD..

44
DFHX94UQ75NEAKP2MRSOIGBLC8YZ6VJTD..

45
DF9GIZBKP2Y8CXHLMRSOU4AQ6VJEN57TD..

46
DFH4UOSRMLBZY8CX9G1Q75NEAKP26VJTD.

47
DF9G1Q75NEAXHZY8CLMRSOU4BKP26VJTD..

48
DF6ZY8BVJKSRM2PQUOHLCEN57XA49GITD..

49
DFNEY57XIOUQAKP2MRS8CLH49GBZ6VJTD..

50
DF9GIX75NQAEYKP2MRSOU4HLC8BZ6VJTD..

DEUXIÈME MODE D'EMPLOI DU GUIDE N° 4.

Reportez-vous au premier mode d'emploi du guide n° 2 et procédez exactement de la même manière. Vous obtiendrez ainsi un diagramme composé de deux chaînes rentrantes de 32 traits chacune, puis vous les réunirez par un raccord.

Soit, par exemple : DFN57X9GBVJECLMRS8YZH OU4AKP26QITD.

Raccord I X et 7 T remplaçant I T et 7 X, si vous voulez une chaîne rentrante.

C'est le cas de faire observer, une fois de plus, qu'une chaîne rentrante unique, ainsi obtenue par la réunion de deux chaînes, ne peut *jamais* offrir les conditions de symétrie absolue que seule peut donner l'application du premier mode d'emploi de ce même guide n° 4.

Nous nous bornons ici à un seul exemple, en laissant au lecteur le soin de composer pour son album les figures appartenant à cette série. Elles peuvent être non moins nombreuses que celles obtenues par le premier mode d'emploi du guide n° 2.

TROISIÈME MODE D'EMPLOI DU GUIDE N° 4.

Reportez-vous au deuxième mode d'emploi du guide n° 2 et procédez exactement de la même manière.

Vous obtiendrez ainsi deux chaînes rentrantes, l'une de plus de 32 *traits*, l'autre de moins de 33 *traits*, que vous réunissez par un raccord, comme dans les cas précédents.

Ce troisième mode d'emploi du guide n° 4 donne des résultats non moins curieux et non moins variés que le deuxième mode d'emploi du guide n° 2.

En voici cinq exemples :

Exemples de l'application du troisième mode d'emploi du Guide n° 4.

1

1re chaîne (52 traits) : D F N E A X C L M R S 8 Y Z H 5 7 Q P 2 6 V B K J T D F...

2me chaîne (12 traits) : G I O U 4 9 G I...

Raccord 9 F. (Départ G I... arrivée D.)

2

1re chaîne (44 traits) : D F H O U 4 B 8 C L M R S X 9 G I Q N 5 7 T D F...
2me chaîne (20 traits) : V J E A K P 2 Y Z 6 V J.
Raccord J T. (Départ V 6... Arrivée D.)

3

1re chaîne (36 traits) : D F 9 X 7 5 N E M R S O H L C 8 Y T D F...
2me chaîne (28 traits) : V J K A 4 U Q P 2 6 Z I G B V J.
Raccord J T. (Départ V B... Arrivée D.)

4

1re chaîne (24 traits) : D F N 5 7 Q I G 9 X A T D.
2me chaîne (40 traits) : R M Z H O U 4 B L C 8 Y E J Y 6 2 P K S R M...
Raccord 6 F. (Départ V J... Arrivée D.)

5

1re chaîne (52 traits) : D F N E Y 5 7 Q A K P 2 M R 8 C X H L B Z 6 V J T D F...
2me chaîne (12 traits) : G I O U 4 9 G I...
Raccord 9 F. (Départ G I... arrivée D.)

LES LETTRES MOBILES

Simple procédé pour composer des diagrammes symétriques.

Nos lecteurs sont en mesure de garnir leur album de nombreuses figures symétriques en décrivant sur le **Polygraphile** des diagrammes que nous venons de donner en exemple à la suite de l'indication de chacun des modes d'emploi des quatre guides.

Donnons-leur maintenant un moyen de composer eux-mêmes des figures infailliblement symétriques sans tâtonnement et à coup sûr.

Nous voulons parler de l'usage des *lettres mobiles* qui permettent de composer un diagramme complet et régulier avant même de savoir quel aspect il va offrir à l'œil.

Pour l'emploi de ce procédé, placez sous vos yeux le tableau annexe des guides, puis ayez, en bois ou en carton, mais séparées et isolées, les lettres du guide sur lequel vous voulez obtenir un diagramme régulier (16 lettres pour les guides nº 1 ou nº 3. — 32 lettres et chiffres pour les guides nº 2 ou nº 4).

Disposez ces lettres dans un ordre quelconque, à la seule condition de donner *toujours* pour *voisine* à chacune d'elles quelqu'une de celles placées en regard de cette lettre sur le tableau annexe du guide.

Vous obtenez ainsi une série de lettres qu'il vous suffit de suivre sur le Polygraphile pour décrire un diagramme régulier que vous voyez naître sous vos doigts avec la certitude de la réussite et l'attrait de l'imprévu.

Si vous appliquez le premier mode d'emploi du guide nº 4, le résultat est immédiatement complet et définitif.

S'il s'agit de l'un des trois premiers guides ou des deux derniers modes d'emploi du guide nº 4, on sait d'avance que la symétrie absolue ne peut s'obtenir que par *deux* chaînes. En employant deux fils de nuance différente, on trouve aisément le point de raccord le moins susceptible d'altérer la symétrie pour réunir ces deux chaînes en une seule, *rentrante* ou *non rentrante* selon les exigences du coup d'œil.

LA POLYGRAPHIE VOLANTE

Appliquée à la solution des problèmes du cavalier.

Les *Problèmes du Cavalier*, dont on peut demander la solution à l'usage du **Polygraphile**, offrent un champ aussi vaste que varié. Un gros volume aux grandes pages remplies de lignes fines et serrées en laisserait la nomenclature incomplète.

L'habitude et l'usage feront naître chaque jour dans l'esprit de nos lecteurs l'idée d'une difficulté nouvelle dont ils trouveront la solution le lendemain.

A Dieu ne plaise que nous tentions de mettre des bornes à ce champ sans limite.

Un mot seulement sur les facilités qu'apporte le **Polygraphile** à la découverte des solutions cherchées.

Les lecteurs des journaux illustrés connaissent les *Problèmes du Cavalier* qu'on trouve fréquemment à côté des problèmes d'échecs, fils aînés de la même famille.

Le *Monde illustré*, la *Mode illustrée* ont déjà donné, et d'autres journaux préparent des problèmes du cavalier *graphiques*, *syllabiques* et *chiffrés*.

Pour les deux derniers, un simple coup d'œil jeté sur la donnée suffit pour que l'on comprenne combien l'usage du **Polygraphile** en simplifie la solution.

Les problèmes *graphiques*, les plus curieux et les plus intéressants, demandent parfois aux plus habiles des heures de recherches par les moyens ordinaires.

Donnons un exemple de la rapidité des procédés de la *Polygraphie volante* pour la découverte des solutions.

Qu'il s'agisse, par exemple, comme dans le numéro du 27 janvier 1872 du *Monde illustré*, de décrire sur un fragment donné un diagramme symétrique selon les quatre côtés du carré pris deux à deux (symétrie latérale double ou quadrangulaire). Sur le guide n° 1, vous voyez que la donnée place ainsi deux groupes de lettres : A I B, L E F. Vous commencez par ces deux groupes la disposition de vos lettres mobiles ; six sur seize se trouvent ainsi placées trois par trois. Vous classez les dix autres dans l'ordre que vous permet le tableau annexe du guide n° 1, et vous arrivez bien vite ainsi à la série de seize lettres : D M J P K O G B I A H N C L E F D qui vous donne la solution dont vous trouvez le dessin dans le numéro du 10 février 1872 du *Monde illustré*.

Nous pourrions multiplier indéfiniment ces exemples, mais nous préférons renvoyer nos lecteurs aux problèmes que, chaque semaine, leur apportent les journaux illustrés, sans préjudice de ceux que l'usage du **Polygraphile** les amènera sans aucun doute à composer eux-mêmes.

CARRÉS MAGIQUES

Les mathématiciens ont fait de curieuses recherches basées sur l'examen des nombres qu'on obtient en numérotant les soixante-quatre pas de telle ou telle figure de la polygraphie du cavalier.

Cette étude est en dehors de notre cadre et, le plus souvent, les diagrammes qui font le sujet de leurs observations s'écartent des conditions de symétrie que nous voulons obtenir pour notre album.

Il y a néanmoins quelques exceptions, et nos lecteurs nous sauront gré de leur offrir un spécimen de ce genre d'études.

Le numéro 20 des exemples de l'application du premier mode d'emploi du guide n° 4, donne un *Carré magique* emprunté à l'intéressant ouvrage de M. Jaenisch, publié à Saint-Pétersbourg en 1863.

Décrivez le diagramme par les lettres D F 9 G I X H O U 4... etc... puis numérotez les traits en plaçant le n° 1 en A, le n° 2 en T, le n° 3 en D, le n° 4 en F, et ainsi de suite jusqu'au n° 64 qui se trouvera sur la lettre Q.

Ayant ainsi complété un carré de soixante-quatre nombres, faites l'addition des colonnes verticales : toutes vous donneront pour total 260. Répétez la même opération pour les lignes horizontales : pour toutes vous obtenez encore le même total 260. Enfin, additionnez les nombres des deux diagonales réunies et le total sera 520 ou le double de 260

Ceux de nos lecteurs qui se plairaient à des recherches de ce genre, trouveront dans les publications dont nous avons donné la nomenclature les éléments de nombreuses et curieuses observations.

UN PROBLÈME HORS LIGNE

Parmi les innombrables problèmes de la Polygraphie du cavalier, il en est un qui nous paraît offrir un intérêt exceptionnel. Le voici :

« Trouver une chaîne rentrante de 32 *traits* qui puisse se combiner avec elle-même sur le **Polygraphile** dans deux sens différents. »

En d'autres termes :

« Décrire, avec une même chaîne, deux diagrammes appartenant, l'un à la symétrie latérale double ou quadrangulaire, l'autre à la symétrie diagonale double ou quadrangulaire. »

Pour résoudre ce problème à l'aide du **Polygraphile**, on comprend qu'il s'agit d'obtenir seize *traits consécutifs* qui vous conduisent diagonalement de D en D sur le guide n° 1 et sur le guide n° 3. Le nombre des solutions est assez limité, même en laissant le problème dans ces termes généraux, sans imposer la condition de comprendre dans le diagramme tel ou tel fragment déterminé.

Le rapprochement des exemples du premier mode d'emploi des guides n°s 1 et 3 offre une quinzaine de ces solutions. Ainsi (bien entendu sans vous préoccuper du raccord), décrivez le n° 34 du guide n° 1 et le n° 7 du guide n° 3, et vous verrez que les deux diagrammes se composent d'une même chaîne rentrante de 32 traits combinée avec elle-même dans deux sens différents. De même pour le n° 70 du guide n° 1 et le n° 28 du guide n° 3. De même encore pour le n° 46 du guide n° 1 et le n° 15 du guide n° 3. Et ainsi pour une douzaine d'autres dont je veux laisser la recherche au lecteur.

Veut-on donner au problème une plus grande extension, on trouvera l'élément de cette extension par le rapprochement des trois figures que donnent le n° 46 du guide n° 1, le n° 15 du guide n° 3 et le n° 43 du guide n° 4.

P. P. C.

Je m'arrête. Quand l'horizon est vaste, le *Cicerone* doit être sobre d'indications, afin de laisser les regards errer en liberté et choisir à leur gré leurs points de prédilection.

Préparez votre album, aimable lectrice, et vous, cher lecteur, suivez mon exemple : Pour sortir du labyrinthe polygraphique, ayez souvent recours aux dames et confiez à leur adresse le fil d'Ariane qu'elles dirigeront toujours plus habilement que vous et moi.

Et s'il vous est agréable de m'adresser quelque communication, soit pour provoquer tel ou tel éclaircissement, soit pour me faire part d'une des mille combinaisons ingénieuses que vous suggérera nécessairement le **Polygraphile** ;

Vous serez la bien accueillie, Madame ;

Vous serez le bien venu, Monsieur.

La deuxième édition mentionnera tous les envois dignes d'intérêt parvenus à l'auteur.

NOTA. — Adresser *franco* toutes les communications et demandes à l'auteur-éditeur, **M. EDME SIMONOT**, 34, rue de l'Échiquier, PARIS. Expédition directe et *franco* contre envoi de 5 francs en mandat de poste ou timbres-poste.

IMPRIMERIE CENTRALE DES CHEMINS DE FER. — A. CHAIX ET Cie, RUE BERGÈRE, 20, A PARIS. — 3884-2.

GUIDE N° 1.

<table>
<tr><td>D</td><td>G</td><td>J</td><td>L</td><td>L</td><td>J</td><td>G</td><td>D</td></tr>
<tr><td>P</td><td>C</td><td>F</td><td>I</td><td>I</td><td>F</td><td>C</td><td>P</td></tr>
<tr><td>O</td><td>M</td><td>B</td><td>E</td><td>E</td><td>B</td><td>M</td><td>O</td></tr>
<tr><td>N</td><td>K</td><td>H</td><td>A</td><td>A</td><td>H</td><td>K</td><td>N</td></tr>
<tr><td>N</td><td>K</td><td>H</td><td>A</td><td>A</td><td>H</td><td>K</td><td>N</td></tr>
<tr><td>O</td><td>M</td><td>B</td><td>E</td><td>E</td><td>B</td><td>M</td><td>O</td></tr>
<tr><td>P</td><td>C</td><td>F</td><td>I</td><td>I</td><td>F</td><td>C</td><td>P</td></tr>
<tr><td>D</td><td>G</td><td>J</td><td>L</td><td>L</td><td>J</td><td>G</td><td>D</td></tr>
</table>

Voir au dos un exemple de l'application de ce guide.

Diagramme obtenu par l'emploi du Guide n° 1.

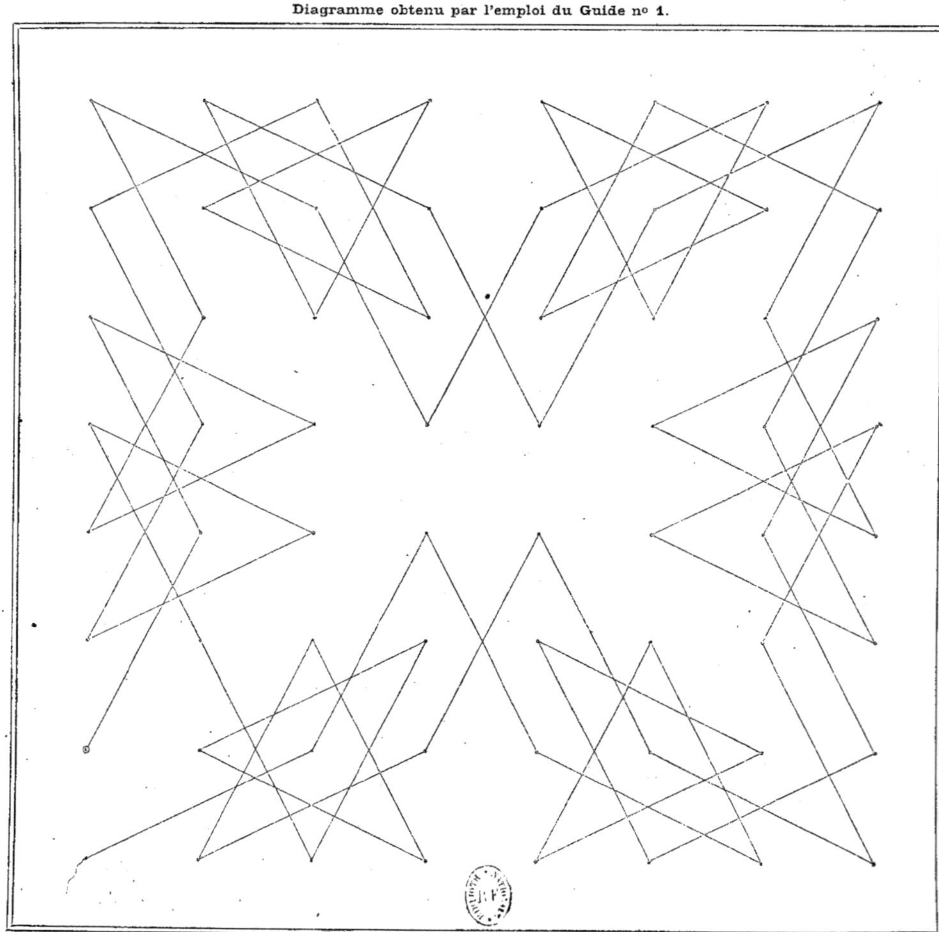

PARIS.—IMP. A. CHAIX ET Cie RUE BERGÈRE, 20

GUIDE N° 3.

D	G	J	L	N	O	P	D
P	C	F	I	K	M	C	G
O	M	B	E	H	B	F	J
N	K	H	A	A	E	I	L
L	I	E	A	A	H	K	N
J	F	B	H	E	B	M	O
G	C	M	K	I	F	C	P
D	P	O	N	L	J	G	D

Voir au dos un exemple de l'application de ce guide.

Diagramme obtenu par l'emploi du Guide n° 3.

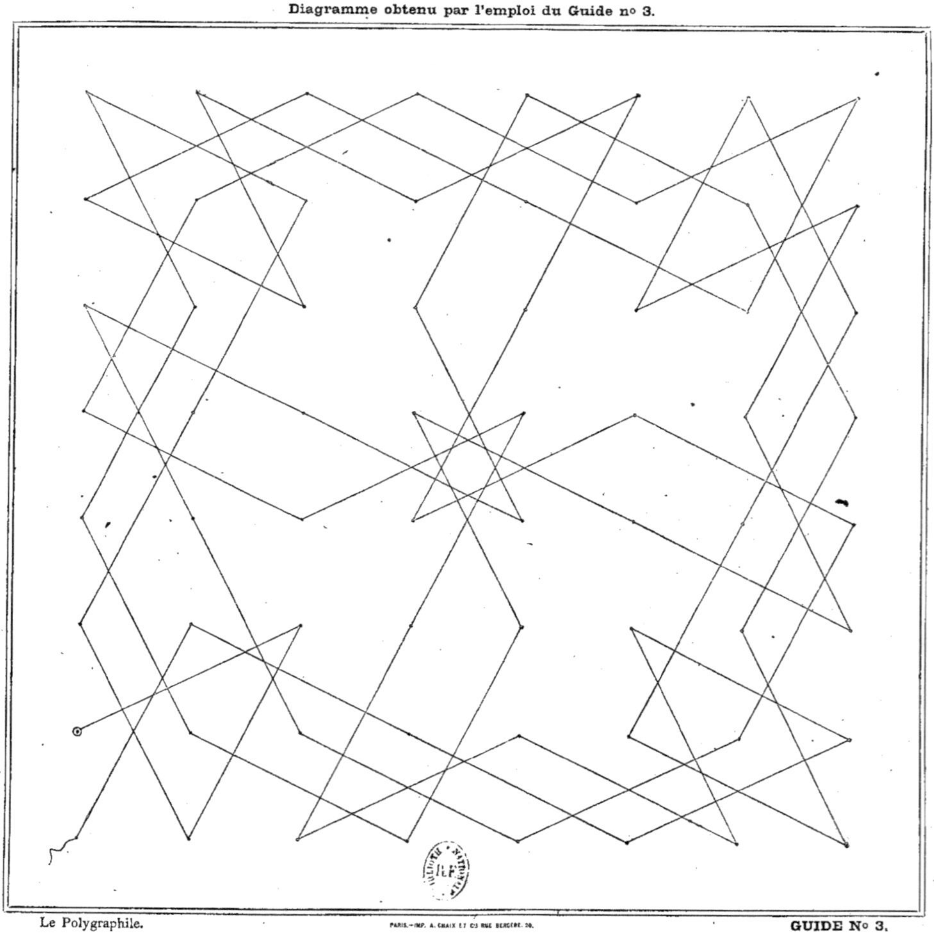

PARIS. — IMP. A. CHAIX ET Cie RUE BERGÈRE, 20.

R	U	2	7	8	9	V	D
P	5	S	4	6	T	C	G
O	M	Q	Y	X	B	F	J
N	K	H	Z	A	E	I	L
L	I	E	A	Z	H	K	N
J	F	B	X	Y	Q	M	O
G	C	T	6	4	S	5	P
D	V	9	8	7	2	U	R

Voir au dos un exemple de l'application de ce guide.

Diagramme obtenu par l'emploi du Guide n° 4.

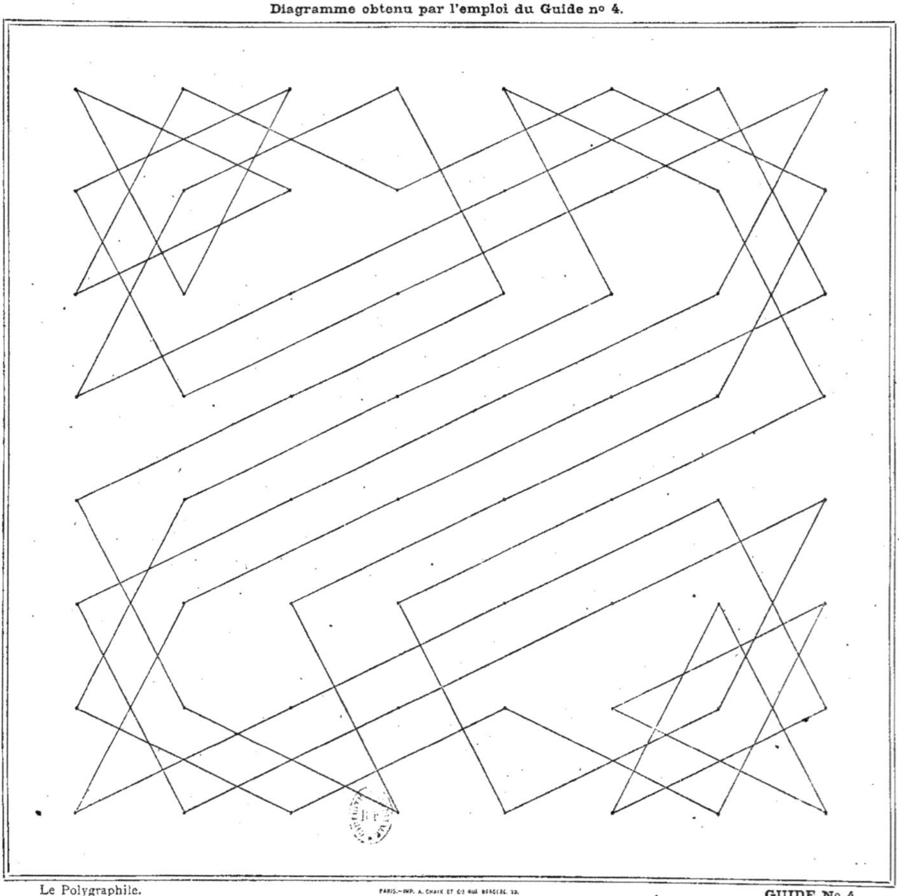

PARIS.—IMP. A. CHAIX ET Cie RUE BERGÈRE, 20.

TABLEAUX-ANNEXES DES GUIDES

Pour l'exécution des Figures à l'aide de Lettres Mobiles.

Annexe du Guide n° 2.

A —	B E I M Q X Y 4
B —	A G I L N P Z 4
C —	E H L N
D —	F M
E —	C F H J K L Y Z
F —	A D E K L O
G —	B I O
H —	C E I O S X Z 7
I —	A B G H J M
J —	E I M P
K —	E F P Q Z 2
L —	B C E F
M —	A D I J Y 7
N —	B C S Y
O —	F G H 4
P —	B J K
Q —	A K U V Z 6 7 8
R —	S T
S —	H N R Z 6 9
T —	R X Z 2 4 8
U —	Q 4 9
V —	Q 2 6
X —	A H T 5 Y 4 8 9
Y —	A E M N 5 X 2 6
Z —	B E H K Q S T 6
2 —	K T V Y
4 —	A B O T U X
5 —	X Y 7 8
6 —	Q S V Y Z 9
7 —	H M Q 5
8 —	Q T 5 X
9 —	S U X 6

Annexe du Guide n° 1.

A —	B E F H I K M
B —	A G I K N L P
C —	E H L N
D —	F M
E —	A C F H J K L
F —	A D E K L O
G —	B I O
H —	A C E I M N O
I —	A B G H J M
J —	E I M P
K —	A B E F O P
L —	B C E F
M —	A D H I J N
N —	B C H M
O —	F G H K
P —	B J K

Annexe du Guide n° 3.

A —	B E F H I K M
B —	A G I K L N P
C —	E H L N
D —	F M
E —	A C J K M N
F —	A D H K N O
G —	B I O
H —	A C F I L O
I —	A B G H M O
J —	E K M P
K —	A B E F J P
L —	B C H M
M —	A D E I J L
N —	B C E F
O —	F G H I
P —	B J K

Annexe du Guide n° 4

A —	E F K Q T X 4
B —	G K L V Z 4 8
C —	E L X 8
D —	F T
E —	A C J M N Y 6
F —	A D H N 6 9
G —	B I 9
H —	F L O X 5 Z 4
I —	G O Q T X Z
J —	E K T V
K —	A B J P S Y
L —	B C H M
M —	E L R Z 2 4
N —	E F Q 5
O —	H I S U
P —	K Q 2
Q —	A I N P U 6 7
R —	M S
S —	K O R X Z 8
T —	A D I J Y 7
U —	O Q 4
V —	B J 6
X —	A C H I S 7 9
Y —	E K T 5 Z 2 8
Z —	B H I M S Y 6
2 —	M P Y 6
4 —	A B H M U 9
5 —	H N Y 7
6 —	E F Q V Z 2
7 —	Q T 5 X
8 —	B C S Y
9 —	F G X 4

PARIS.—IMP. A. CHAIX ET Cie, RUE BERGÈRE, 20.

Le Polygraphile. **TABLEAU DE LA MARCHE DU FIL POLYGRAPHE.** Le Polygraphile.

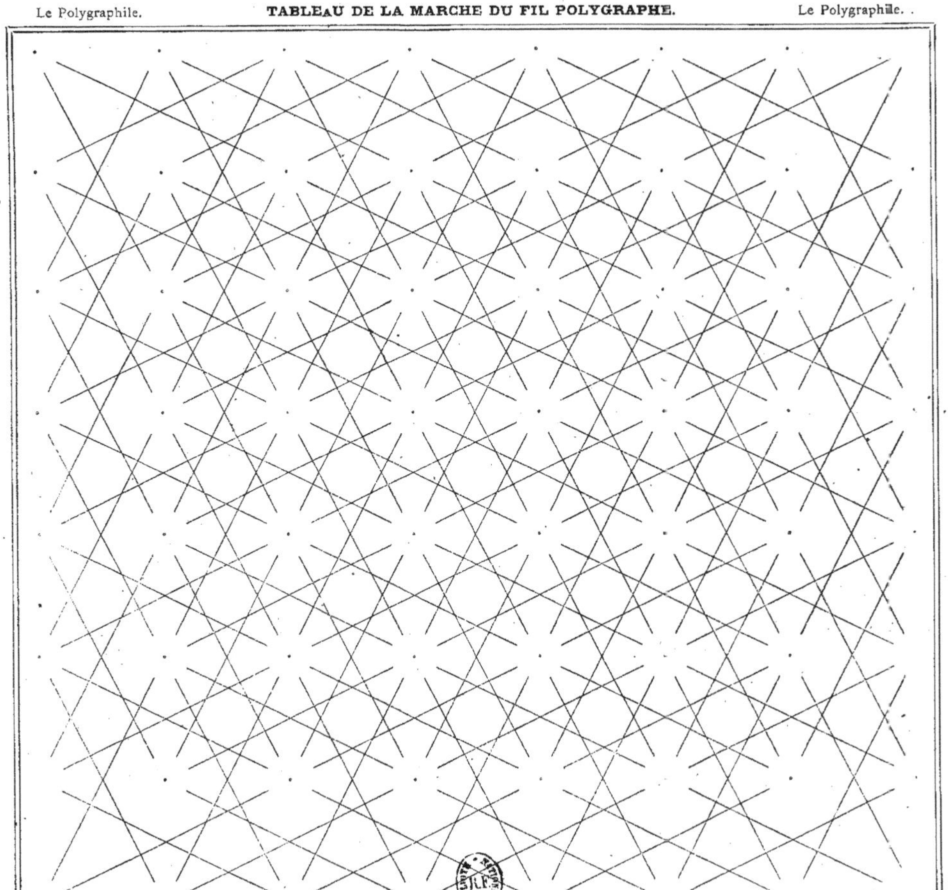

PARIS — IMP. A. CHAIX ET Cie, RUE BERGÈRE, 20.

SPECIMEN DE DIAGRAMME.

(Cette figure est celle qu'on obtient en décrivant sur le Polygraphile l'exemple 23 du mode d'emploi du Guide n° 1.)

PARIS, — IMPRIMERIE A. CHAIX ET Cie, RUE BERGÈRE, 20. — 3886-2.

www.ingramcontent.com/pod-product-compliance
Lightning Source LLC
LaVergne TN
LVHW052018160826
845678LV00003B/1090

* 9 7 8 2 3 2 9 6 4 7 1 0 4 *